羽生結弦

SEASON PHOTOBOOK

2015-2016

by Nobuaki Tanaka

JN216117

2015-2016
奇跡の時代が幕を開けた。

奇跡の時代が幕を開けた。

SEASON
PHOTOBOOK
2015-2016

とっておきの羽生結弦。

「いい演技ができる集中とは、精神状態と体の状態、このバランスが大切」
Ice Jewels 3号「銀メダルの向こう……」より

Practice, practice, practice !

「自分の根源となるパッションを盛り込まないと羽生結弦ではなくなっちゃう」
Ice Jewels 2 号「330.43の真実」より

「負けたくないと思ってアドレナリンのような興奮物質が出た時、僕の中の引き出しが開けられる」
Ice Jewels 2号「330.43の真実」より

奇跡の時代が幕を開けた。

SEASON
PHOTOBOOK
2015-2016

和のアイデンティティー。

Free Skating

「(「SEIMEI」は）表現というものに関して深く考えるきっかけを与えてくれた」
Ice Jewels 3 号「怒涛のシーズンを終えて」より

奇跡の時代が幕を開けた。

SEASON
PHOTOBOOK
2015-2016

羽生結弦はトロントで磨かれる。

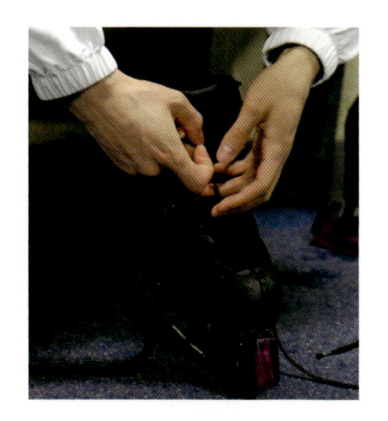

Toronto, Canada

穏やかな陽光のなか、キャリーバッグを引きながら
リラックスした表情で歩く羽生選手。彼がホーム
リンクとするトロント・クリケット・スケーティング&
カーリング・クラブに向かうところを捉えた一コマだ。
彼のコーチであるブライアン・オーサーがスケート
部門を率いるこの由緒ある会員制スポーツクラブ
は、スケートに没頭できる充実した環境を誇って
いる。一流の練習施設と最高のコーチ陣。多くの
トップ選手との交流。クリケット・クラブのコンセ
プトであるコミュニティー意識がもたらす家族的な
ぬくもり。そしてISUによる世界ランキングで1位
の羽生選手を2位で追う、ライバルであり友人でも
あるハビエル・フェルナンデス選手が在籍している
こと。2012年にブライアン・オーサーに師事して
から、めざましい結果を示し始めた羽生選手。
彼の驚異の進化は、トロントでの日々が支えている。

Toronto, Canada

Toronto, Canada

©Taku SATO

奇跡の時代が幕を開けた。

羽生結弦 ―― ここだけのショータイム。

Exhibition & Ice show

「アイスショーは競技者にとって課題が見つかる場所」
Ice Jewels 1号「進化する羽生結弦」より

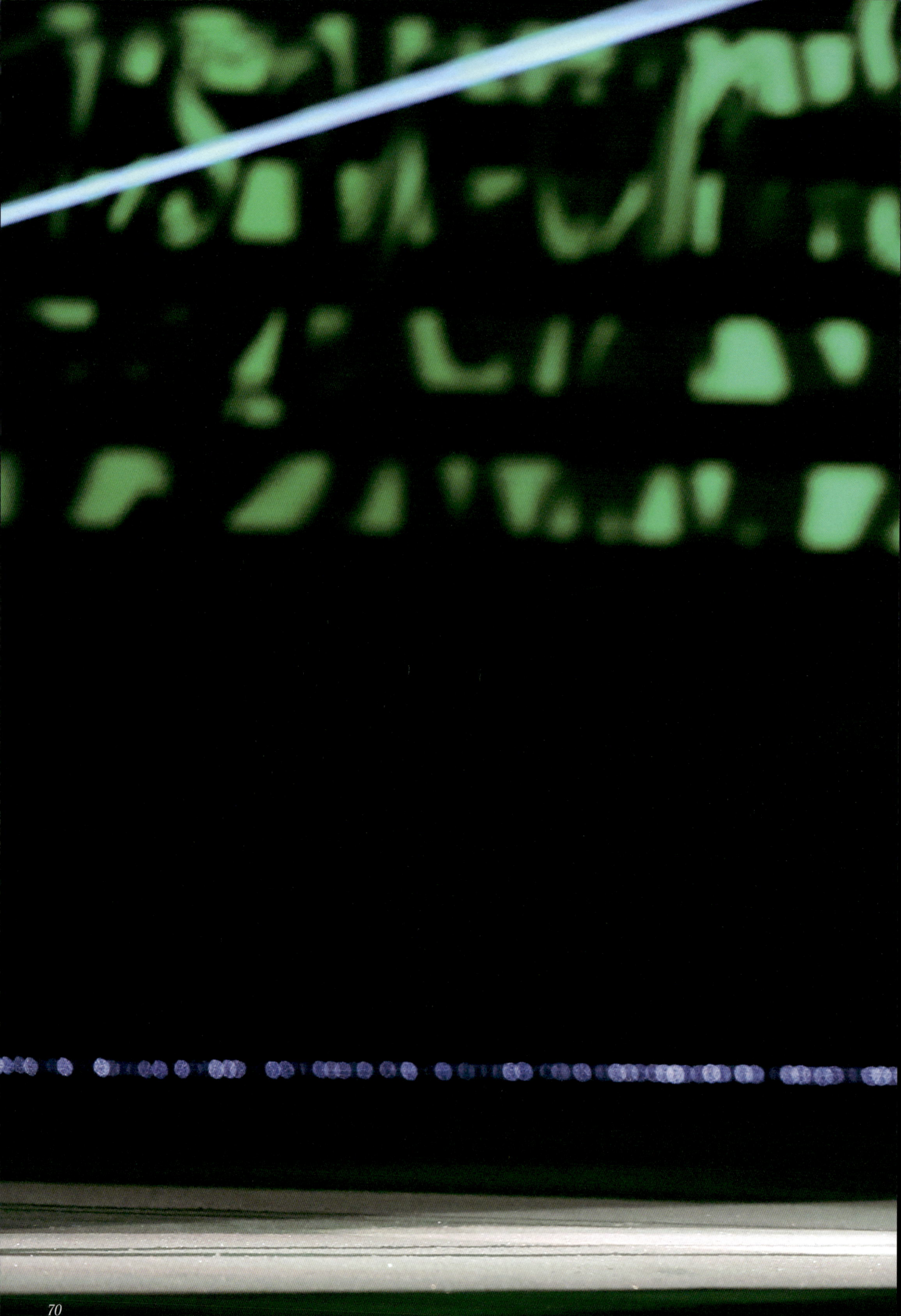

RESULTS 2015-2016 羽生結弦 全成績

スケートカナダオータムクラシック　ショート　2015年10月12日〜15日　カナダ・バリー

Autumn Classic International
SENIOR MEN SHORT PROGRAM　　JUDGES DETAILS PER SKATER

Rank	Name		Nation	Starting Number	Total Segment Score	Total Element Score	Program Component Score (factored)	Total Deductions
1	Yuzuru HANYU		JPN	5	93.14	47.79	45.35	0.00

#	Executed Elements	Info	Base Value	GOE	J1	J2	J3	J4	J5	J6	J7	J8	J9	Ref	Scores of Panel
1	3A		8.50	3.00	3	3	3	3	3	3	2				11.50
2	CSSp4		3.00	1.10	2	2	2	3	3	2	2				4.10
3	FCSp4		3.20	0.80	2	1	2	2	1	2	1				4.00
4	4T<	<	8.80 x	-2.40	-3	-2	-2	-2	-2	-2	-2				6.40
5	3Lz+3T		11.33 x	0.28	0	0	1	1	1	0	-1				11.61
6	StSq4		3.90	1.68	3	2	3	3	2	2	2				5.58
7	CCoSp3p4		3.50	1.10	2	2	2	2	3	2	3				4.60
			42.23												47.79
	Program Components			Factor											
	Skating Skills			1.00	9.00	9.25	9.25	9.00	9.00	8.75	8.50				9.00
	Transitions/Linking Footwork/Movement			1.00	9.50	8.75	9.00	8.75	9.00	9.00	8.50				8.90
	Performance/Execution			1.00	9.25	9.00	9.25	9.00	9.00	8.50	8.25				8.95
	Choreography/Composition			1.00	9.75	9.00	9.75	9.50	9.00	8.75	8.75				9.20
	Interpretation			1.00	9.50	9.25	9.50	9.50	9.25	9.00	8.25				9.30
	Judges Total Program Component Score (factored)														45.35

Deductions				0.00

< Under-rotated jump　x Credit for highlight distribution, base value multiplied by 1.1

スケートカナダオータムクラシック　フリー　2015年10月12日〜15日　カナダ・バリー

Autumn Classic International
SENIOR MEN FREE SKATING　　JUDGES DETAILS PER SKATER

Rank	Name		Nation	Starting Number	Total Segment Score	Total Element Score	Program Component Score (factored)	Total Deductions
1	Yuzuru HANYU		JPN	10	184.05	92.95	92.10	1.00

#	Executed Elements	Info	Base Value	GOE	J1	J2	J3	J4	J5	J6	J7	J8	J9	Ref	Scores of Panel
1	4S		10.50	1.80	1	2	2	3	2	1	2				12.30
2	4T		10.30	-0.48	-1	0	-1	-1	0	0	0				9.82
3	3F		5.30	1.40	2	2	2	2	2	2	2				6.70
4	FCCoSp3p4		3.50	0.70	1	1	2	1	1	2	2				4.20
5	StSq2		2.60	1.50	2	3	3	3	3	3	3				4.10
6	4T<+REP	<	6.16 x	-4.00	-3	-3	-3	-3	-3	-3	-3				2.16
7	3A+2T		10.78 x	2.00	2	1	2	2	2	2	2				12.78
8	3A		9.35 x	-0.80	-1	-1	-1	-1	0	-2	1				8.55
9	3Lo+1Lo+3S		11.00 x	0.98	1	1	1	2	1	2	2				11.98
10	3Lz		6.60 x	1.40	2	1	2	3	2	2	2				8.00
11	FCSSp4		3.00	0.90	2	2	1	2	2	1	2				3.90
12	ChSq1		2.00	1.96	3	2	3	3	3	3	2				3.96
13	CCoSp3p4		3.50	1.00	2	1	2	2	2	2	2				4.50
			84.59												92.95
	Program Components			Factor											
	Skating Skills			2.00	8.50	9.25	8.75	9.00	9.25	9.25	9.25				9.10
	Transitions/Linking Footwork/Movement			2.00	8.25	9.00	8.75	9.50	9.25	9.25	9.25				9.10
	Performance/Execution			2.00	8.75	9.00	8.50	9.75	9.50	8.75	9.25				9.05
	Choreography/Composition			2.00	9.00	9.25	9.25	9.50	9.50	9.25	9.50				9.35
	Interpretation			2.00	9.00	9.25	9.25	9.75	9.75	9.50	9.50				9.45
	Judges Total Program Component Score (factored)														92.10

Deductions		Falls:	-1.00	-1.00

< Under-rotated jump　x Credit for highlight distribution, base value multiplied by 1.1　REP Jump repetition

スケートカナダ　ショート　2015年10月30日～11月1日　カナダ・レスブリッジ

ISU GP Skate Canada International 2015
MEN SHORT PROGRAM　　　JUDGES DETAILS PER SKATER

Rank	Name			Nation	Starting Number	Total Segment Score	Total Element Score	Total Program Component Score (factored)	Total Deductions
6	Yuzuru HANYU			JPN	12	73.25	28.43	44.82	0.00

#	Executed Elements	Info	Base Value	GOE	The Judges Panel (in random order)									Ref	Scores of Panel
1	3A		8.50	3.00	3	3	3	3	3	3	2	3	3		11.50
2	CSSp4		3.00	0.93	-1	2	2	2	2	2	1	2	2		3.93
3	FCSp4		3.20	0.86	2	2	2	2	1	2	2	1	1		4.06
4	2T*	*	0.00 x	0.00	-	-	-	-	-	-	-	-	-		0.00
5	3Lz*+2T*	*	0.00 x	0.00	-	-	-	-	-	-	-	-	-		0.00
6	StSq3		3.30	1.14	3	2	2	2	3	3	2	2	2		4.44
7	CCoSp3p4		3.50	1.00	2	3	2	2	2	2	2	2	2		4.50
			21.50												28.43

Program Components		Factor													
Skating Skills		1.00	9.00	9.75	9.00	9.00	8.50	8.50	9.00	9.50	9.00		9.00
Transition / Linking Footwork		1.00	8.75	9.25	8.75	8.75	8.25	8.50	8.50	9.00	8.50		8.68
Performance / Execution		1.00	8.75	9.50	8.75	8.75	8.75	7.50	8.75	9.00	8.75		8.79
Choreography / Composition		1.00	9.50	9.50	9.00	9.25	9.50	8.50	9.00	9.00	9.25		9.21
Interpretation		1.00	9.00	9.75	9.00	9.50	8.75	8.00	9.00	9.75	9.00		9.14
Judges Total Program Component Score (factored)														44.82

Deductions:　　　　　　　　　　　　　　　　　　　　　　　　　　　　0.00

* Invalid element　x Credit for highlight distribution, base value multiplied by 1.1

スケートカナダ　フリー　2015年10月30日～11月1日　カナダ・レスブリッジ

ISU GP Skate Canada International 2015
MEN FREE SKATING　　　JUDGES DETAILS PER SKATER

Rank	Name			Nation	Starting Number	Total Segment Score	Total Element Score	Total Program Component Score (factored)	Total Deductions
2	Yuzuru HANYU			JPN	7	186.29	98.35	88.94	-1.00

#	Executed Elements	Info	Base Value	GOE	The Judges Panel (in random order)									Ref	Scores of Panel
1	4S		10.50	1.71	2	2	0	1	3	2	2	1	2		12.21
2	4T		10.30	1.43	1	2	1	2	2	1	1	1	2		11.73
3	3F		5.30	1.40	2	2	1	2	2	2	2	2	2		6.70
4	FCCoSp3p4		3.50	0.79	1	2	0	2	2	2	1	1	2		4.29
5	StSq3		3.30	1.00	2	2	2	2	2	2	2	2	2		4.30
6	4T+2T		12.76 x	-0.69	0	-1	-1	-1	1	0	-1	-1	0		12.07
7	3A+1T		9.79 x	0.14	0	0	-1	1	1	0	0	0	0		9.93
8	3A+1Lo+3S		14.74 x	1.00	1	1	-1	2	1	1	2	0	1		15.74
9	3Lo		5.61 x	0.70	1	1	2	1	1	1	1	1	1		6.31
10	3Lz		6.60 x	-2.10	-3	-3	-3	-3	-3	-3	-3	-3	-3		4.50
11	FCSSp3		2.60	0.43	0	1	1	1	1	1	0	1	1		3.03
12	ChSq1		2.00	1.40	2	2	2	3	2	2	2	1	2		3.40
13	CCoSp3p4		3.50	0.64	1	1	1	2	1	1	2	1	2		4.14
			90.50												98.35

Program Components		Factor													
Skating Skills		2.00	9.00	8.75	7.75	9.00	9.00	8.75	9.25	9.00	9.00		8.93
Transition / Linking Footwork		2.00	8.00	8.75	7.25	9.00	8.25	8.75	8.75	8.50	8.50		8.50
Performance / Execution		2.00	8.75	9.25	8.00	8.50	8.75	9.00	9.25	9.00	8.75		8.86
Choreography / Composition		2.00	8.75	9.25	8.50	9.25	9.25	9.25	9.25	9.00	9.25		9.14
Interpretation		2.00	9.25	9.25	7.25	8.75	9.00	9.25	9.25	8.75	9.00		9.04
Judges Total Program Component Score (factored)														88.94

Deductions:　　　　　　Falls: -1.00　　　　　　　　　　　　　　　　　　-1.00

x Credit for highlight distribution, base value multiplied by 1.1

RESULTS 2015-2016 羽生結弦 全成績

NHK杯 ショート 2015年11月27日～29日 長野

ISU GP NHK Trophy 2015
MEN SHORT PROGRAM   JUDGES DETAILS PER SKATER

Rank	Name	Nation	Starting Number	Total Segment Score	Total Element Score	Total Program Component Score (factored)	Total Deductions
1	Yuzuru HANYU	JPN	12	106.33	59.44	46.89	0.00

#	Executed Elements	Info	Base Value	GOE				The Judges Panel (in random order)					Ref	Scores of Panel
1	4S		10.50	1.00	1	2	1	1	1	2	0	0	1	11.50
2	4T+3T		14.60	2.57	2	3	2	3	3	3	2	2	3	17.17
3	FCSp4		3.20	1.07	2	3	2	2	3	2	2	2	2	4.27
4	3A		9.35 x	2.43	2	3	2	2	3	3	3	2	2	11.78
5	CSSp4		3.00	1.21	3	2	3	2	3	2	3	2	2	4.21
6	StSq4		3.90	1.90	3	3	2	3	3	3	2	3	2	5.80
7	CCoSp3p4		3.50	1.21	3	2	3	2	3	3	2	2	2	4.71
			48.05											59.44

Program Components	Factor										
Skating Skills	1.00	9.50	9.50	9.25	9.25	9.50	9.50	9.50	8.75	9.25	9.39
Transition / Linking Footwork	1.00	9.50	9.00	8.75	9.25	9.50	9.50	9.25	8.50	9.00	9.18
Performance / Execution	1.00	9.50	9.75	9.00	9.50	10.00	9.75	9.50	8.75	9.50	9.50
Choreography / Composition	1.00	9.50	9.50	9.00	9.50	10.00	9.75	9.25	9.00	9.25	9.39
Interpretation	1.00	9.75	9.25	9.00	9.25	10.00	9.75	9.50	9.00	9.50	9.43
Judges Total Program Component Score (factored)											46.89
Deductions:											0.00

x Credit for highlight distribution, base value multiplied by 1.1

NHK杯 フリー 2015年11月27日～29日 長野

ISU GP NHK Trophy 2015
MEN FREE SKATING   JUDGES DETAILS PER SKATER

Rank	Name	Nation	Starting Number	Total Segment Score	Total Element Score	Total Program Component Score (factored)	Total Deductions
1	Yuzuru HANYU	JPN	12	216.07	118.87	97.20	0.00

#	Executed Elements	Info	Base Value	GOE				The Judges Panel (in random order)					Ref	Scores of Panel
1	4S		10.50	2.86	2	3	2	3	3	3	3	3	3	13.36
2	4T		10.30	2.57	2	3	2	3	3	3	3	2	2	12.87
3	3F		5.30	1.10	1	2	2	2	1	1	2	2	1	6.40
4	FCCoSp3p4		3.50	0.93	1	2	2	2	1	2	2	2	2	4.43
5	StSq4		3.90	1.60	2	2	3	3	2	2	3	2	2	5.50
6	4T+3T		16.06 x	1.71	1	2	2	1	2	1	2	2	2	17.77
7	3A+2T		10.78 x	3.00	3	3	3	3	3	3	3	3	2	13.78
8	3A+1Lo+3S		14.74 x	2.43	2	3	2	3	2	3	3	2	2	17.17
9	3Lo		5.61 x	1.00	2	2	1	2	1	1	1	1	2	6.61
10	3Lz		6.60 x	1.50	2	3	2	2	2	3	2	2	2	8.10
11	FCSSp4		3.00	1.14	3	2	2	3	2	3	1	2	2	4.14
12	ChSq1		2.00	2.10	3	3	3	3	2	3	3	3	3	4.10
13	CCoSp3p4		3.50	1.14	3	2	2	3	1	3	3	1	2	4.64
			95.79											118.87

Program Components	Factor										
Skating Skills	2.00	9.75	9.75	9.25	9.75	9.50	9.50	9.75	9.75	9.75	9.68
Transition / Linking Footwork	2.00	9.50	9.50	9.25	9.75	9.25	9.75	9.50	9.00	9.50	9.46
Performance / Execution	2.00	9.75	9.75	9.75	10.00	9.50	9.50	10.00	9.50	10.00	9.75
Choreography / Composition	2.00	10.00	10.00	9.50	10.00	9.50	10.00	9.75	9.75	9.75	9.82
Interpretation	2.00	10.00	10.00	9.75	10.00	9.50	10.00	10.00	9.50	10.00	9.89
Judges Total Program Component Score (factored)											97.20
Deductions:											0.00

x Credit for highlight distribution, base value multiplied by 1.1

ISU Grand Prix of Figure Skating Final

MEN SHORT PROGRAM   JUDGES DETAILS PER SKATER

Rank	Name	Nation	Starting Number	Total Segment Score	Total Element Score	Total Program Component Score (factored)	Total Deductions
1	Yuzuru HANYU	JPN	5	110.95	61.81	49.14	0.00

#	Executed Elements	Info	Base Value	GOE	The Judges Panel (in random order)									Ref	Scores of Panel
1	4S		10.50	3.00	3	3	3	3	2	3	3	3	3		13.50
2	4T+3T		14.60	3.00	3	3	2	3	3	3	3	3	3		17.60
3	FCSp4		3.20	1.29	3	3	2	3	2	2	2	3	3		4.49
4	3A		9.35 x	2.71	3	3	3	2	2	3	3	3	2		12.06
5	CSSp4		3.00	1.43	3	3	3	3	3	3	2	2	3		4.43
6	StSq3		3.30	1.50	3	3	3	3	2	3	3	3	3		4.80
7	CCoSp3p4		3.50	1.43	3	3	2	3	3	3	2	3	3		4.93
			47.45												61.81

Program Components	Factor										Scores of Panel
Skating Skills	1.00	9.75	9.75	9.50	9.75	9.00	10.00	9.50	10.00	9.75	9.71
Transition / Linking Footwork	1.00	9.75	9.75	9.50	9.75	9.00	9.50	9.50	9.50	9.75	9.61
Performance / Execution	1.00	10.00	10.00	10.00	10.00	9.75	10.00	10.00	10.00	10.00	10.00
Choreography / Composition	1.00	10.00	10.00	10.00	10.00	9.25	9.75	9.75	10.00	10.00	9.93
Interpretation	1.00	10.00	10.00	10.00	10.00	9.50	10.00	9.75	9.50	10.00	9.89
Judges Total Program Component Score (factored)											49.14

Deductions: 0.00

x Credit for highlight distribution, base value multiplied by 1.1

ISU Grand Prix of Figure Skating Final

MEN FREE SKATING   JUDGES DETAILS PER SKATER

Rank	Name	Nation	Starting Number	Total Segment Score	Total Element Score	Total Program Component Score (factored)	Total Deductions
1	Yuzuru HANYU	JPN	6	219.48	120.92	98.56	0.00

#	Executed Elements	Info	Base Value	GOE	The Judges Panel (in random order)									Ref	Scores of Panel
1	4S		10.50	3.00	2	3	3	3	3	3	3	3	3		13.50
2	4T		10.30	3.00	3	3	2	3	3	3	3	3	3		13.30
3	3F		5.30	1.90	2	2	2	3	3	3	3	3	3		7.20
4	FCCoSp3p4		3.50	1.14	2	2	2	2	2	3	3	3	1		4.64
5	StSq3		3.30	1.36	3	3	2	2	3	3	3	3	2		4.66
6	4T+3T		16.06 x	2.00	1	1	2	2	2	3	2	3	2		18.06
7	3A+2T		10.78 x	3.00	3	3	3	3	3	3	3	3	2		13.78
8	3A+1Lo+3S		14.74 x	2.43	2	2	2	3	2	3	3	3	2		17.17
9	3Lo		5.61 x	1.50	1	2	1	3	2	3	2	3	2		7.11
10	3Lz		6.60 x	1.80	2	2	3	3	2	3	3	3	2		8.40
11	FCSSp4		3.00	1.21	2	3	2	2	2	3	3	3	2		4.21
12	ChSq1		2.00	2.10	3	3	3	3	3	3	3	3	3		4.10
13	CCoSp3p4		3.50	1.29	2	3	3	2	2	3	3	3	2		4.79
			95.19												120.92

Program Components	Factor										Scores of Panel
Skating Skills	2.00	10.00	10.00	9.00	9.75	10.00	9.75	9.75	9.75	9.50	9.79
Transition / Linking Footwork	2.00	9.50	9.50	9.25	9.75	9.75	10.00	9.75	9.75	9.50	9.64
Performance / Execution	2.00	10.00	10.00	10.00	9.75	10.00	10.00	9.75	10.00	10.00	9.96
Choreography / Composition	2.00	10.00	10.00	9.75	10.00	10.00	10.00	10.00	10.00	9.75	9.96
Interpretation	2.00	10.00	10.00	10.00	9.75	9.75	10.00	10.00	10.00	9.50	9.93
Judges Total Program Component Score (factored)											98.56

Deductions: 0.00

x Credit for highlight distribution, base value multiplied by 1.1

全日本フィギュアスケート選手権　ショート　2015年12月25日〜27日　札幌

Judges Details per Skater　/　男子
Short Program

Pl.	選手名	所属	滑走順	Total Segment Score =	Total Element Score +	Total Program Component Score(factorized) +	Deductions −
1	羽 生 結 弦	ANA	#22	102.63	55.86	47.77	1.00

#	Excuted Elements	Base Value	GOE	J1	J2	J3	J4	J5	J6	J7	J8	J9		Scores of Panel
1	4S	10.50	−3.31	−3	−3	−3	−2	−2	−3	−3	−2	−2		7.19
2	4T+3T	14.60	3.00	3	3	3	3	3	3	3	3	3		17.60
3	FCSp4	3.20	1.21	3	3	2	2	3	3	2	2	3		4.41
4	3A	9.35 X	2.29	2	2	2	3	2	3	2	2	3		11.64
5	CSSp4	3.00	1.36	3	2	3	2	3	3	2	3	3		4.36
6	StSq4	3.90	1.90	3	2	2	3	3	3	3	2	3		5.80
7	CCoSp3p4	3.50	1.36	3	3	3	3	2	3	2	3	2		4.86
		48.05												55.86

Program Components	Factor											
Skating Skills	1.00	9.50	9.25	9.25	9.75	9.75	9.50	9.25	9.25	9.75		9.46
Transitions/Linking Footwork/Movements	1.00	9.50	8.75	9.25	9.75	9.50	9.75	9.25	9.00	9.50		9.39
Performance/Execution	1.00	9.50	9.25	9.50	9.50	9.75	9.50	9.50	9.50	9.50		9.50
Choreography/Composition	1.00	9.75	9.50	9.50	9.75	9.75	10.00	9.75	9.75	9.75		9.71
Interpretation of the music	1.00	9.75	9.50	9.00	9.75	10.00	10.00	9.50	9.75	9.75		9.71
Judges Total Program Components Score (factorized)												47.77

Deductions:	Falls: 1.00	1.00

全日本フィギュアスケート選手権　フリー　2015年12月25日〜27日　札幌

Judges Details per Skater　/　男子
Free Skating

Pl.	選手名	所属	滑走順	Total Segment Score =	Total Element Score +	Total Program Component Score(factorized) +	Deductions −
1	羽 生 結 弦	ANA	#24	183.73	90.15	95.58	2.00

#	Excuted Elements	Base Value	GOE	J1	J2	J3	J4	J5	J6	J7	J8	J9		Scores of Panel
1	4S	10.50	3.00	3	2	3	3	3	3	3	3	3		13.50
2	4T	10.30	3.00	3	3	3	3	2	3	3	3	3		13.30
3	3F	5.30	2.10	3	3	3	3	3	3	3	3	3		7.40
4	FCCoSp3p4	3.50	1.14	2	2	3	2	2	3	3	2	2		4.64
5	StSq3	3.30	1.43	3	2	3	2	3	3	3	3	3		4.73
6	4T<+REP	6.16 X	−4.00	−3	−3	−3	−3	−3	−3	−3	−3	−3		2.16
7	3A<	6.49 X	−2.86	−3	−3	−2	−3	−2	−3	−3	−3	−3		3.63
8	3A+1Lo<+3S	14.63 X	0.14	0	0	0	0	−1	0	2	2	−1		14.77
9	3Lo	5.61 X	−0.40	−1	0	0	−1	−1	0	−2	1	−1		5.21
10	3Lz	6.60 X	1.50	3	2	2	2	2	2	3	2	1		8.10
11	FCSSp4	3.00	1.00	2	2	2	2	2	2	2	2	2		4.00
12	ChSq1	2.00	2.00	3	2	3	2	3	3	3	2	3		4.00
13	CCoSp3p4	3.50	1.21	3	1	3	2	2	3	3	2	2		4.71
		80.89												90.15

Program Components	Factor											
Skating Skills	2.00	9.50	9.50	9.75	9.75	9.50	9.50	9.75	9.50	9.50		9.57
Transitions/Linking Footwork/Movements	2.00	9.25	9.50	9.50	9.50	9.50	9.50	9.50	9.25	9.25		9.43
Performance/Execution	2.00	9.50	9.25	9.50	9.50	9.75	9.25	9.50	9.50	9.25		9.43
Choreography/Composition	2.00	9.75	9.50	9.75	9.75	9.75	9.50	10.00	9.75	9.50		9.68
Interpretation of the music	2.00	9.75	9.75	9.50	9.75	9.75	9.75	9.75	9.50	9.50		9.68
Judges Total Program Components Score (factorized)												95.58

Deductions:	Falls: 2.00	2.00

世界フィギュアスケート選手権　ショート　2016年3月28日～4月3日　アメリカ・ボストン

ISU World Figure Skating Championships 2016
MEN SHORT PROGRAM　　JUDGES DETAILS PER SKATER

Rank	Name		Nation	Starting Number	Total Segment Score	Total Element Score	Total Program Component Score (factored)	Total Deductions
1	Yuzuru HANYU		JPN	29	110.56	61.52	49.04	0.00

#	Executed Elements	Info	Base Value	GOE				The Judges Panel (in random order)					Ref	Scores of Panel
1	4S		10.50	3.00	3	3	3	2	3	3	3	3	3		13.50
2	4T+3T		14.60	2.86	3	3	2	1	3	3	3	3	3		17.46
3	FCSp4		3.20	1.07	2	2	2	2	2	2	3	3	2		4.27
4	3A		9.35 x	3.00	3	3	3	3	3	3	3	3	3		12.35
5	CSSp4		3.00	1.43	3	3	3	2	3	3	3	3	2		4.43
6	StSq3		3.30	1.50	3	3	3	3	3	3	3	3	3		4.80
7	CCoSp3p4		3.50	1.21	2	2	2	2	3	2	3	3	3		4.71
			47.45												61.52

Program Components		Factor												
Skating Skills		1.00	9.75	10.00	9.75	9.50	10.00	10.00	10.00	9.75	10.00		9.89
Transition / Linking Footwork		1.00	9.75	9.75	9.50	9.50	9.50	9.75	9.75	9.50	9.50		9.61
Performance / Execution		1.00	10.00	10.00	10.00	9.75	10.00	10.00	10.00	9.75	9.75		9.93
Choreography / Composition		1.00	10.00	10.00	9.75	9.50	9.75	9.50	10.00	9.75	9.75		9.79
Interpretation		1.00	10.00	9.75	10.00	9.50	9.75	9.75	10.00	9.75	9.75		9.82
Judges Total Program Component Score (factored)														49.04

Deductions:　　0.00

x Credit for highlight distribution, base value multiplied by 1.1

世界フィギュアスケート選手権　フリー　2016年3月28日～4月3日　アメリカ・ボストン

ISU World Figure Skating Championships 2016
MEN FREE SKATING　　JUDGES DETAILS PER SKATER

Rank	Name		Nation	Starting Number	Total Segment Score	Total Element Score	Total Program Component Score (factored)	Total Deductions
2	Yuzuru HANYU		JPN	20	184.61	93.59	92.02	-1.00

#	Executed Elements	Info	Base Value	GOE				The Judges Panel (in random order)					Ref	Scores of Panel
1	4S		10.50	-0.86	0	-1	-1	-1	0	-1	-1	-1	1		9.64
2	4T		10.30	1.71	2	1	2	1	2	2	2	1	2		12.01
3	3F		5.30	1.60	3	1	2	2	2	2	3	3	2		6.90
4	FCCoSp3p4		3.50	1.07	2	2	3	1	2	2	3	2	2		4.57
5	StSq4		3.90	1.60	3	2	2	2	2	3	2	2	3		5.50
6	4S+REP		8.09 x	-4.00	-3	-3	-3	-3	-3	-3	-3	-3	-2		4.09
7	3A+3T		14.08 x	2.71	2	2	3	3	3	2	3	3	3		16.79
8	3A+1Lo+2S		11.33 x	-0.57	-1	-1	0	-2	1	-1	-1	-1	1		10.76
9	3Lo		5.61 x	0.90	1	0	2	1	2	0	2	1	2		6.51
10	3Lz		6.60 x	-0.60	-1	-1	-1	-1	0	-1	-1	-2	1		6.00
11	FCSSp3		2.60	0.29	-1	0	2	0	1	1	1	0	1		2.89
12	ChSq1		2.00	1.50	2	2	2	3	2	2	2	2	3		3.50
13	CCoSp3p4		3.50	0.93	2	1	2	1	2	2	2	2	2		4.43
			87.31												93.59

Program Components		Factor												
Skating Skills		2.00	9.25	9.00	9.25	9.00	9.25	9.75	9.50	9.75	9.00		9.29
Transition / Linking Footwork		2.00	9.00	8.75	9.50	9.00	9.00	9.75	9.50	9.50	8.75		9.18
Performance / Execution		2.00	9.00	8.50	9.00	8.75	9.00	9.50	9.00	9.75	8.50		8.96
Choreography / Composition		2.00	9.25	9.00	9.50	9.00	9.25	9.75	9.50	9.50	9.00		9.29
Interpretation		2.00	9.25	8.75	9.50	9.25	9.25	9.75	9.50	9.50	8.75		9.29
Judges Total Program Component Score (factored)														92.02

Deductions:　　Falls: -1.00　　　-1.00

x Credit for highlight distribution, base value multiplied by 1.1   REP Jump repetition

スケートカナダオータムクラシック

	名前（国）	SP		FS		合計
1	羽生 結弦（JPN）	93.14	①	184.05	①	277.19
2	ナム・ニュエン（CAN）	86.53	②	154.57	②	241.10
3	ショーン・ラビット（USA）	64.75	④	136.95	③	201.70
4	アレクサンダー・ジョンソン（USA）	63.27	⑤	133.05	④	196.32
5	マウリツィオ・ザンドロン（ITA）	62.71	⑥	130.84	⑤	193.55
6	ベネ・トマン（CAN）	64.95	③	114.35	⑦	179.30

グランプリファイナル

	名前（国）	SP		FS		合計
1	羽生 結弦（JPN）	110.95	①	219.48	①	330.43
2	ハビエル・フェルナンデス（ESP）	91.52	②	201.43	②	292.95
3	宇野 昌磨（JPN）	86.47	④	190.32	④	276.79
4	パトリック・チャン（CAN）	70.61	⑥	192.84	③	263.45
5	金 博洋（CHN）	86.95	③	176.50	⑤	263.45
6	村上 大介（JPN）	83.47	⑤	152.02	⑥	235.49

スケートカナダ

	名前（国）	SP		FS		合計
1	パトリック・チャン（CAN）	80.81	②	190.33	①	271.14
2	羽生 結弦（JPN）	73.25	⑥	186.29	②	259.54
3	村上 大介（JPN）	80.88	①	171.37	③	252.25
4	アダム・リッポン（USA）	80.36	③	159.33	⑤	239.69
5	ナム・ニュエン（CAN）	76.10	④	162.72	④	238.82
6	アレクサンドル・ペトロフ（RUS）	71.44	⑦	149.58	⑦	221.02

全日本フィギュアスケート選手権

	名前	SP		FS		合計
1	羽生 結弦	102.63	①	183.73	①	286.36
2	宇野 昌磨	97.94	②	169.21	③	267.15
3	無良 崇人	93.26	③	170.20	②	263.46
4	田中 刑事	74.19	⑥	167.86	④	242.05
5	小塚 崇彦	78.19	⑤	150.63	⑥	228.82
6	山本 草太	62.92	⑪	152.23	⑤	215.15

NHK杯

	名前（国）	SP		FS		合計
1	羽生 結弦（JPN）	106.33	①	216.07	①	322.40
2	金 博洋（CHN）	95.64	②	170.79	②	266.43
3	無良 崇人（JPN）	88.29	③	153.92	⑤	242.21
4	グラント・ホクスタイン（USA）	74.30	⑧	161.33	③	235.63
5	田中 刑事（JPN）	73.74	⑨	161.16	④	234.90
6	コンスタンチン・ミンショフ（RUS）	79.79	⑥	153.79	⑥	233.58

世界フィギュアスケート選手権

	名前（国）	SP		FS		合計
1	ハビエル・フェルナンデス（ESP）	98.52	②	216.41	①	314.93
2	羽生 結弦（JPN）	110.56	①	184.61	②	295.17
3	金 博洋（CHN）	89.86	⑤	181.13	③	270.99
4	ミハイル・コリヤダ（RUS）	89.66	⑥	178.31	⑤	267.97
5	パトリック・チャン（CAN）	94.84	③	171.91	⑧	266.75
6	アダム・リッポン（USA）	85.72	⑦	178.72	④	264.44

- ■ ショートプログラム　　ショパン「バラード」第1番ト短調作品23　　振付け：ジェフリー・バトル
- ■ フリースケーティング　　SEIMEI　映画『陰陽師』より　　振付け：シェイリン・ボーン
- ■ エキシビション　　天と地のレクイエム（作曲 松尾泰伸）　　振付け：宮本賢二

羽生結弦 SEASON PHOTOBOOK 2015-2016
2016年7月30日　初版発行

［著者（撮影）］田中宣明／シャッターズ　　［装丁・デザイン］加茂香代子　　［編集人］豊崎 謙　　［協力］Fantasy on Ice 2015

［発行人］大田川茂樹　　［発行所］株式会社 舵社

〒105-0013 東京都港区浜松町1-2-17 ストークベル浜松町

代表 TEL:03-3434-5181 FAX:03-3434-5184　　販売 TEL:03-3434-4531 FAX:03-3434-5860

［印刷］株式会社 大丸グラフィックス